This
100 Yoruba Words
Book Belongs to:

_____

Learn 4 Fun 3000

The Nigerian Yoruba alphabet is made up of 25 letters, without

C, Q, V, X, Z

but with the additions of

Ẹ, Ọ, Ṣ and Gb.

Learn 4 Fun 3000

Yoruba Alphabet and Pronounciation

A a	ah	M m	mee
B b	bee	N n	nee
D d	dee	O o	oh
E e	ay	Ọ ọ	"or" sounds like the "aw" in jaw
Ẹ ẹ	eh	P p	Like you are spitting out a seed
F f	fee	R r	ree
G g	ghee	S s	see
Gb gb	"gbih!" no english equivalent	Ṣ ṣ	she
H h	hee	T t	tee
I i	ih	U u	like the "oo" in food
J j	gee	W w	wee
K k	kee	Y y	yee
L l	lee		

Learn 4 Fun 3000

Translator Notes:

When you see	Pronounced	As in
oon	Pronounced more in the nasal area. Similar to the feeling when saying the word "**Oom**ph")	uhn
kp	Start with the sound you would make like you are spitting out a seed, then drop your tongue to the back of your throat and end with a which ever vowel follows	pugh
mm	hum the "m" as you say the rest of the word, speaking more thru your nose.	**Mm**ore
nn	hum the "n" as you say the rest of the word, speaking more thru your nose.	**Nn**ame

Learn 4 Fun 3000

100 Words

Awọn ọrọ 100
(Ah-wawn aw-raw 100)

Apple

Apu
(Ah-poo)

Avocado

Pia oyinbo
(Pih-ah oh-yihn-boh)

Blueberry

Blueberry
(Same as English)

Cherry

Ṣẹẹri
(Ṣheh-rih)

Fruits

Awọn Eso
(Ah-wawn Ay-so)

Grapes

Ajara
(Ah-jah-rah)

Lemon

Lemọnu
(Leh-maw-nu)

Orange

Ọsan
(Aw-sahn)

Pear

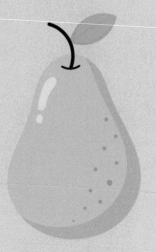

Eso Pia
(Ay-soh Pih-ah)

Pineapple

Ọpẹ oyinbo
**(Aw-(like you are spitting out a
seed)+eh oh-yihn-boh)**

Tomato

Tomati
(Toh-mah-tih)

Watermelon

Eso bara
(Ay-soh bah-rah)

3

Beans

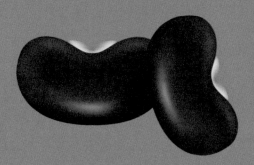

Awọn ẹwa
(Ah-wawn eh-wah)

Bell Pepper

Tataṣe
(Tah-tah-shay)

Carrot

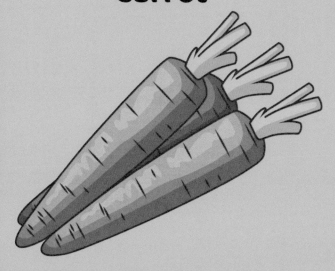

Karọọti
(Kah-raw-tih)

Coco Yam

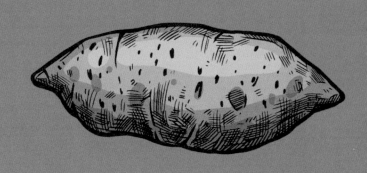

Koko Iṣu
(Koh-koh Ih-shoo)

4

Cowpeas

Ẹwa
(Eh-wah)

Lettuce

Orịsi ewe
(Oh-rih-shih ay-way)

Okra

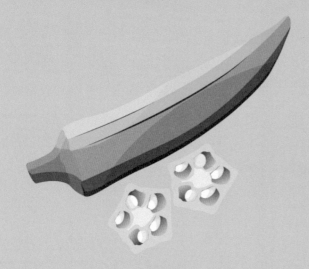

Ila
(Ih-lah)

5

Peas

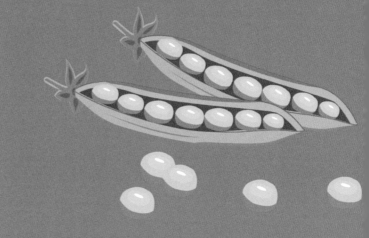

Awọn ewa
(Ah-wawn eh-wah)

Pumpkin

Elegede
(Ay-lay-gay-day)

Spinach

Owo
(Oh-woh)

Sweet Potato

Odunkun adun
(Aw-doon-koon ah-doon)

6

Vegetables

Efo
(Eh-faw)

Boy

Omodekunrin
(Oh-moh-day-koo-rihn)

Girl

Omodebinrin
(Oh-moh-day-bihn-rihn)

Man

Okunrin
(Aw-koo-rihn)

Woman

Obinrin
(Oh-bih-rihn)

7

Bread

Burẹdi
(Boo-reh-dih)

Butter

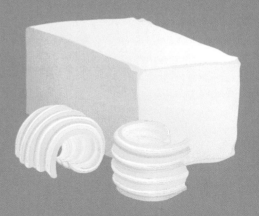

Bọta
(Baw-tah)

Cake

Akara oyinbo
(Ah-kah-rah oh-yihn-boh)

Cheese

Warankasi
(Wah-ran-kah-sih)

8

Eggs

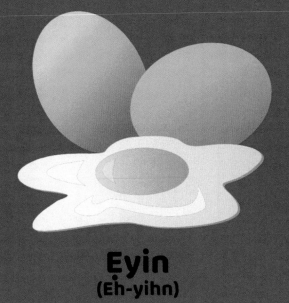

Eyin
(Eh-yihn)

Juice

Oje
(Oh-jay)

Milk

Wara
(Wah-rah)

Pasta

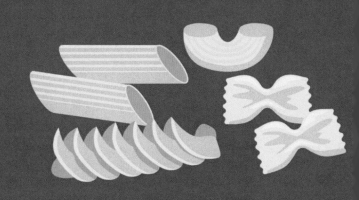

Pasita
(Pah-sih-tah)

Rice

Irẹsi
(Ih-reh-sih)

Sausage

Soseji
(So-say-jih)

Soup

Ọbẹ
(Aw-beh)

Water

Omi
(Oh-mih)

Accountant

Onişiro
(Oh-knih-shih-roh)

Architect

Onişẹ ayaworan
(Oh-knee-sheh ah-yah-woh-rahn)

Chef

Oluwanje
(Oh-loo-wawn-jey)

11

Construction Worker

Osişẹ Ikolẹ
(Oh-shih-sheh Ih-kaw-leh)

Doctor

Dọkita
(Daw-kih-tah)

Entrepreneur

Onişowo
(Oh-nih-show-woh)

Nurse

Nọọsi
(Naw-sih)

Police Officer

Ọlọpaa
(Aw-law-(like you are spitting out a seed)+ah)

12

Digital Camera

Kamẹra oni nọmba
(Kah-meh-rah oh-nih naw-m-bah)

Keyboard

Patako itẹwe
((like you're spitting out a seed)+ah-tah-koh ih-teh-way)

Laptop

Kọn`pútà alágbèéká
(Kawn-poo-tah ah-lahg-beh-eh-kah) 13

Monitor

Kọmputa atẹle
(Kawm-poo-tah ah-teh-lay)

Printer

Itẹwe
(Ih-teh-way)

Smart phone

Foonuiyara
(Foh-nu-ih-yah-rah)

Television

Amohun mawọran
(Ah-moh-hoon mah-waw-rahn) 14

USB / Memory Stick

Igi USB
(Ih-gih USB)

Ankle

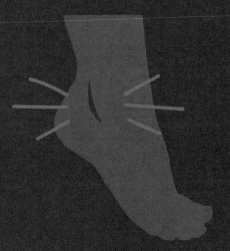

Kokose
(Koh-koh-seh)

Arm

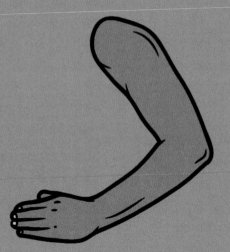

Apá
(Ah-pah)

Chin

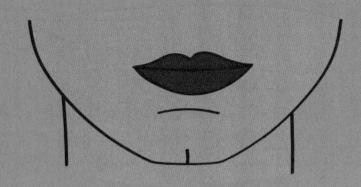

Agba
(Ah-gbah)

Ear

Eti
(Ay-tih)

15

Eye

Oju
(Oh-joo)

Hair

Irun
(ih-roun)

Leg

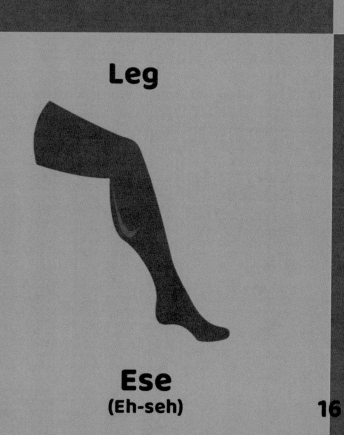

Ese
(Eh-seh)

Nose

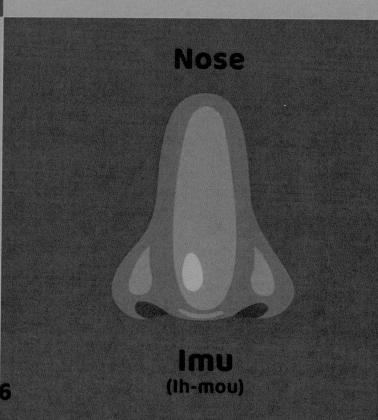

Imu
(Ih-mou)

16

Apron

Apron
(Same as English)

Boot

Bata
(Bah-tah)

Flip Flops

Sisun kuna
(Sih-soon koo-nah)

Hat

Fila
(Fih-lah)

17

High Heels

Awọn Igigirisẹ Giga
(Ah-wawn Ih-gih-gih-rih-seh Gih-gah)

Jeans

Ṣokoto
(Shoh-koh-toh)

Sneakers

Bata Isare-ije
(Bah-tah Ih-sah-ray-ih-jay)

Shirt

Ṣẹẹti
(Ṣheh-tih)

18

Shorts

Ṣokoto kekere
(Shoh-koh-toh kay-kay-ray)

Sweater

Siweta
(Sih-way-tah)

T-Shirt

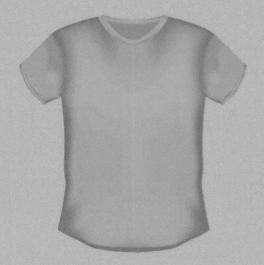

T-Ṣẹẹti
(Tee-Ṣheh-tih)

Watch

Ago
(Ah-goh)

19

Ant

Kokoro
(Koh-koh-roh)

Bear

Agbateru
(Ahg-bah-tay-roo)

Cat

Olongbo
(Oh-lohn-gboh)

Chicken

Adiyẹ
(Ah-dih-yẹh)

20

Dog

Aja
(Ah-jah)

Duck

Pẹpẹyẹ
((like you are spitting out a seed)+eh 2x-yeh)

Fish

Ẹja
(Eh-jah)

Horse

Eshin
(Eh-shihn)

21

Lion

Kiniun
(Kih-nih-oon)

Monkey

Ọbọ
(Aw-baw)

Snake

Ejo
(Ay-joh)

Tiger

Ẹkùn
(Ẹh-koon)

22

Clouds

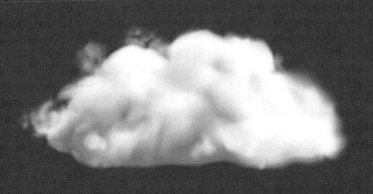

Ojo to sun
(Oh-joh toh soun)

Flowers

Ododo
(Oh-doh-doh)

Grass

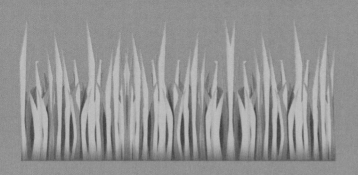

Oko
(Oh-koh)

Moon

oṣupa
(Aw-shu-kpah)

Rain

Ojo
(Oh-joh)

Stars

Irawọ
(Ih-rah-waw)

Sun

Oorun
(Ooh-roun)

Trees

Igi
(ih-gih)

24

Hello!

Ba wo ni
(Baah woh nih)

I am happy.

Imu mi dun
(ih-mou-mih-doun)

I love you.

Mo nife re.
(Moh nih-feh reh.)

I would like to learn.

Mo ma fe ran lati mo
(Moh mah feh rawn la-tih maw)

25

English - Yoruba
Word List

Accountant - Onişiro

Ankle - Kokosẹ

Ant - Kokoro

Apple - Apu

Apron - Apron

Architect -
Onişẹ ayaworan

Arm - Apá

Avocado - Pia oyinbo

Beans - Awọn ẹwa

Bear - Agbateru

Bell Pepper - Tataşe

Blueberry - Blueberry

Boot - Bata

Boy - Ọmọdekunrin

Bread - Burẹdi

Butter - Bọta

Cake - Akara oyinbo

Carrot - Karọọti

Cat - Olongbo

Cheese - Warankasi

Chef - Oluwanje

Cherry - Şẹẹri

Chicken - Adiyẹ

Chin - Agba

English - Yoruba
Word List

Clouds - Ojo to sun

Coco Yam - Koko Işu

Construction Worker -
Oşişẹ Ikọlẹ

Cowpeas - Ẹwa

Digital Camera -
Kamẹra oni nọmba

Doctor - Dọkita

Dog - Aja

Duck - Pẹpẹyẹ

Ear - Eti

Eggs - Ẹyin

Entrepreneur - Onişowo

Eye - Oju

Fish - Ẹja

Flip Flops - Sisun kuna

Flowers - Ododo

Fruits - Awọn Eso

Girl - Ọmọdebinrin

Grapes - Ajara

Grass - Oko

Hair - Irun

Hat - Fila

Hello! - Ba wo ni

High Heels - Awọn
Igigirisẹ Giga

English - Yoruba
Word List

Horse - Eshin

I am happy. - Imu mi dun

I love you. - Mo nifẹ rẹ.

I would like to learn. -
Mo ma fe ran lati mo.

Jeans - Ṣokoto

Juice - Oje

Keyboard - Patako itẹwe

Laptop -
Kọn`pútà alágbèéká

Leg - Ese

Lemon - Lẹmọnu

Lettuce - Oriṣi ewe

Lion - Kiniun

Man - Okunrin

Milk - Wara

Monitor -
Kọmputa atẹle

Monkey - Ọbọ

Moon - oṣupa

Nose - Imu

Nurse - Nọọsi

Okra - Ila

Orange - Ọsan

Pasta - Pasita

Pear - Eso Pia

English - Yoruba
Word List

Peas - Awọn ẹwa

Pineapple - Ọpẹ oyinbo

Police Officer - Ọlọpaa

Printer - Itẹwe

Pumpkin - Elegede

Rain - Ojo

Rice - Irẹsi

Sausage - Soseji

Shirt - Ṣẹẹti

Shorts - Ṣokoto kekere

Smart phone - Foonuiyara

Snake - Ejo

Sneakers - Bata Isare-ije

Soup - Ọbẹ

Spinach - Owo

Stars - Irawọ

Sun - Oorun

Sweater - Siweta

Sweet Potato - Ọdunkun adun

Television - Amohun mawọran

Tiger - Ẹkùn

English - Yoruba
Word List

Tomato - Tomati

Trees - Igi

T-Shirt - T-Ṣẹẹti

USB / Memory Stick - Igi USB

Vegetables - Ẹfọ

Watch - Ago

Water - Omi

Watermelon - Eso bara

Woman - Obinrin

Country where
YORUBA
is one of the
official languages

Nigeria

AFRICA

FUN AFRICAN FACTS

IT IS SPOKEN IN DIFFERENT COUNTRIES IN WEST AFRICA, SUCH AS BENIN, TOGO AND NIGERIA

IN NIGERIA, THERE ARE OVER 44.5 MILLION PEOPLE WHOSE PRIMARY LANGUAGE IS YORUBA

YORUBA IS THE MOST WIDELY SPOKEN AFRICAN LANGUAGE OUTSIDE OF THE CONTINENT.

THERE IS PLENTY OF READING MATERIAL AVAILABLE IN YORUBA FROM BOOKS TO MAGAZINES.

BURNA BOY, DAVIDO AND WIZKID ARE YORUBA AND SING SOME OF THEIR SONGS IN YORUBA.

Thank You!

Ẹ ṣe!!
(Eh shay)

Please leave
a review
&
FOLLOW US

Made in the USA
Columbia, SC
11 July 2023

20284180R00024